Doña Desastre

Texto: Mabel Andreu y Mabel Piérola
Ilustraciones: Mabel Piérola

HOUGHTON MIFFLIN   BOSTON

Hoy, Doña Desastre camina todo lo deprisa que se
lo permiten sus cortas piernas y sus muchos kilos.

Otro día más, va a llegar tarde al trabajo.

Como Doña Desastre es muy despistada, cada mañana los vecinos con los que se cruza se ríen. Siempre se le olvida algo. Un día, no se quitó el camisón. Otro día salió de casa con los rulos puestos...

Handwritten annotations:
- crosses
- clueless
- every
- neighbors
- forget
- nightgown
- [laugh]
- left (behind) something
- the curlers on
- took (away)

4

Desde muy pequeña tuvo que oír más de veinte
veces la frase: «Eres un desastre.» Así, hasta hoy,
que tiene más de cuarenta años.

Por eso nadie recuerda su verdadero nombre
y todos la llaman Doña Desastre.

Ella rebosa amabilidad, pero en algunas ocasiones también sabe enfadarse. Cuando se pone muy nerviosa, la dentadura postiza le salta por los aires.

Lo de la dentadura postiza tiene que ver con su trabajo. Porque Doña Desastre trabaja en una fábrica de caramelos. Como es muy golosa, se le han caído todos los dientes.

A su jefe no le preocupan los empachos de Doña Desastre. Lo que verdaderamente le irrita son sus continuos despistes. Con el papel amarillo envuelve los caramelos de naranja; con el rosa, los de menta… Y así, siempre.

9

Doña Desastre vive en una antigua casa de piedra,
situada en lo alto de una colina.

Tiene un huerto en el que siembra cebollas,
lechugas, tomates y muchas, muchísimas papas.
Suele decir que habiendo papas,
nunca se pasa hambre.

Doña Desastre no vive sola. Como la casa es
grande, ha alquilado dos habitaciones a un par
de aprendices de mago. Ensayan trucos y juegos
de manos durante muchas horas.

Y con estos huéspedes, la casa se ha convertido en
un verdadero desastre.

13

Si levantas la tapa de la sopera, descubres un conejo. Las palomas revolotean a su placer. Y con tantos trucos, las porcelanas sufren importantes destrozos.

Pero Doña Desastre se divierte con ellos y así olvida por un rato las broncas de su jefe.

14

15

Cuando Doña Desastre llega por fin a su trabajo, se encuentra con un problema de terribles consecuencias. Por despiste, había puesto sal en lugar de azúcar en la pasta de caramelos.
Y todos los clientes han ido a la fábrica para quejarse.

Enfurecido, su jefe le dice:
—¡Se acabó! ¡¡¡Quedas despedida!!!

18

Doña Desastre camina triste y cabizbaja de vuelta a su casa. En el camino se da cuenta de que otra desgracia está a punto de ocurrir: su fino olfato le indica grandes lluvias.

Mientras acelera el paso, el cielo se cubre con unos enormes nubarrones negros.

Ciertamente, su olfato no la ha engañado.
Comienzan las lluvias. Y a lo largo de toda la
noche, llueve, llueve y llueve, como si un gigante
estuviera lanzando cubos de agua desde las nubes.

La tormenta es tan tremenda que el pueblo se inunda. El agua alcanza hasta el primer piso de las casas y las calles parecen ríos.

Como el hogar de Doña Desastre
está en lo alto de una colina,
no se ha inundado. Y ella,
generosamente, se ha ofrecido
para alojar a niños y mayores.
Su casa se ha transformado en un
maravilloso refugio.

Los magos entretienen al numeroso
público con juegos de manos. ¡Todos
se divierten de lo lindo!

25

Doña Desastre no para de freír papas para alimentar a sus vecinos. Son las papas que ha plantado y cultivado con tanto cariño y que tenía guardadas en su cocina.

Al fin, la lluvia cesa. El pueblo recupera poco a poco sus colores y los vecinos salen a la calle. Entre todos adornan la Plaza del Ayuntamiento con banderines, globos y farolillos.

Para demostrar su gratitud a Doña Desastre, el alcalde le concede una medalla por la ayuda que les ha prestado.

También han decidido nombrarla Presidenta
de la Comisión de Catástrofes, Desgracias
y toda clase de Desastres.

Es un cargo tan apropiado para ella, que seguro
que desempeñará muy bien su labor con su
desbordante imaginación y sus inagotables
recursos.